[handwritten note: "noch glücklicheren Beziehung ;-) Gute Nordlichter"]

Die Ratschläge in diesem Buch wurden von Autoren und Verlag sorgfältig geprüft, dennoch kann eine Garantie nicht übernommen werden. Eine Haftung der Autoren bzw. des Verlags für Personen-, Sach- und Vermögensschäden ist ausgeschlossen.

Die Verwertung der Texte und Bilder, auch auszugsweise, ist ohne Zustimmung des Verlags urheberrechtswidrig und strafbar. Dies gilt auch für Vervielfältigungen, Übersetzungen, Mikroverfilmungen und für die Verarbeitung mit elektronischen Systemen.

© by Pabel-Moewig Verlag KG, Rastatt
Alle Rechte vorbehalten.

www.MOEWIG.de
Printed in China
ISBN 10: 3-8118-1911-9
ISBN 13: 978-3-8118-1911-5

Dieses Werk berücksichtigt die neue deutsche Rechtschreibung.

UM EINE BEZIEHUNG RICHTIG VERSTEHEN ZU KÖNNEN, MUSS MAN ZUNÄCHST EINMAL DIE UNTERSCHIEDE ZWISCHEN DEN GESCHLECHTERN BEGREIFEN.
WIR WERDEN IHNEN ZEIGEN, WIE MAN BEZIEHUNGSPROBLEME LÖSEN KANN, WIE MAN STREITIGKEITEN UMGEHT UND WIE MAN DIE KOMMUNIKATION VERBESSERT.
ACHTUNG:
UNSERE RATSCHLÄGE DIENEN NICHT AUSSCHLIESSLICH ALS BEZIEHUNGSHILFE.
BEI RICHTIGER ANWENDUNG KANN MAN DAMIT AUCH EINE SCHEIDUNG PROVOZIEREN, LANGFRISTIGE BINDUNGEN VERMEIDEN ODER SICH VOR EINER UNKLUGEN WIEDERVERHEIRATUNG RETTEN!

GROSSER BEZIEHUNGS-TEST

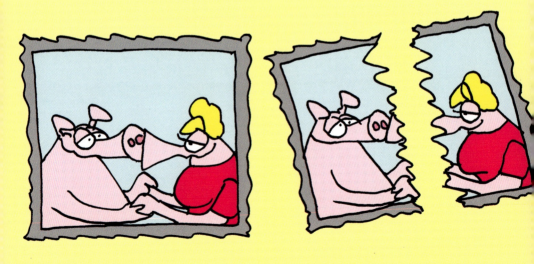

WANN FÜHLEN SIE SICH AM BESTEN?

1. ☐ WENN SIE SICH MIT IHREM PARTNER RUHIG UNTERHALTEN

2. ☐ WENN SIE SCHLAFEN

3. ☐ WENN SIE ALLEINE ZU HAUSE SIND

SPAZIEREN SIE NORMALERWEISE MIT IHREM PARTNER ...

1. ☐ HÄNDCHEN HALTEND

2. ☐ ETWAS HINTER DEM PARTNER, DEN EINKAUF TRAGEND

3. ☐ SCHNELL UND MIT REICHLICH ABSTAND VOR DEM PARTNER

SIE ARBEITEN HART UND SIND IM STRESS. IHR PARTNER STÖRT SIE...

1. ☐ SIE FREUEN SICH ÜBER DIE UNTERBRECHUNG

2. ☐ SIE SIND GENERVT, ABER SCHAFFEN ES, DEN ÄRGER ZU UNTERDRÜCKEN

3. ☐ SIE RASTEN AUS UND JAGEN DEN PARTNER AUS DEM ZIMMER

WENN SIE ZU EINER PARTY GEHEN...

1. ☐ SIND SIE ZURÜCKHALTEND UND KLAMMERN SICH FEST AN IHREN PARTNER

2. ☐ HABEN SIE NUR EINS IM KOPF: SCHNELLSTENS DIE BAR ZU FINDEN, UM DEN ABEND ZU ÜBERLEBEN

3. ☐ BAGGERN SIE OHNE HEMMUNGEN

AM LIEBSTEN MÖGEN SIE...

1. ☐ ZU HAUSE SEIN UND MIT DEM PARTNER KUSCHELN

2. ☐ MIT DEM PARTNER ROMANTISCH ESSEN GEHEN

3. ☐ MIT DEN KUMPELS SAUFEN

WENN SIE MIT IHREM PARTNER DISKUTIEREN, DANN...

1. ☐ HÖREN SIE AUFMERKSAM ZU

2. ☐ HÖREN SIE AUFMERKSAM ZU, SIND ABER KLUG GENUG, FRAGEN AUSZUWEICHEN

3. ☐ VERSUCHEN SIE SICH DARAN ZU ERINNERN, WO IHR GEWEHR VERSTECKT IST

IN IHREN TRÄUMEN...

1. ☐ TANZEN SIE IM MOHNFELD MIT IHREM PARTNER

2. ☐ SIND SIE WIEDER SOLO

3. ☐ VERSUCHEN SIE, IHREN PARTNER ZU ERWÜRGEN

WENN SIE MIT IHREM PARTNER SPAZIEREN GEHEN, DANN...

1. ☐ GENIESSEN SIE ZUSAMMEN DIE SCHÖNE NATUR

2. ☐ TRÄUMEN SIE DAVON, WIEDER ZU HAUSE ZU SEIN UND FUSSBALL ZU GUCKEN

3. ☐ VERSUCHEN SIE, DEN PARTNER ABZUSCHÜTTELN IN DER HOFFNUNG, DASS ER DEN RÜCKWEG NICHT FINDET

SIE REDEN NICHT MIT IHREM PARTNER, WEIL...

1. ☐ SIE IMMER INTERESSIERT SIND, WAS ER/SIE ZU SAGEN HAT

2. ☐ SIE SICH NICHTS MEHR ZU SAGEN HABEN

3. ☐ SIE SICH NICHT TRAUEN, DEN LANGWEILIGEN MONOLOG ZU UNTERBRECHEN

WAS IST IHRER MEINUNG NACH DER HÄUFIGSTE GRUND FÜR EINE SCHEIDUNG?

1. ☐ UNTERSCHIEDLICHE INTERESSEN

2. ☐ STRESS BEI DER ARBEIT

3. ☐ VERHEIRATET ZU SEIN

NACH EINEM STREIT...

1. ☐ ENTSCHULDIGEN SIE SICH UND VERSUCHEN EINE GEMEINSAME PROBLEMLÖSUNG ZU FINDEN

2. ☐ TUN SIE NICHTS UND WARTEN DARAUF, DASS DER PARTNER DAS ERSTE WORT SAGT

3. ☐ GEHEN SIE UND MACHEN SICH EINEN SCHÖNEN ABEND MIT FREUNDEN

BEIM SEX...

1. ☐ GENIESSEN SIE DIE ZEIT GEMEINSAMER INTIMITÄT

2. ☐ NUTZEN SIE DIE ZEIT, UM PERSÖNLICHE PROBLEME DURCHZUGEHEN

3. ☐ ÜBERLEGEN SIE, BEI WEM SIE EIGENTLICH DIESMAL SIND

ZÄHLEN SIE JETZT IHRE PUNKTE ZUSAMMEN.

10 PUNKTE
IHRE BEZIEHUNG KANN UNMÖGLICH ÄLTER ALS EINE WOCHE SEIN! DIESES RESULTAT ZÄHLT NICHT! WARTEN SIE NOCH EIN PAAR TAGE, BIS SIE IHREN PARTNER BESSER KENNENGELERNT HABEN, UND MACHEN DEN TEST NOCHMAL.

11-19 PUNKTE
SIE SIND AUF DEM BESTEN WEG. ENTWEDER HAT IHR PARTNER SIE UNTER STRENGER KONTROLLE, ODER IHR TOLERANZNIVEAU LIEGT WEIT ÜBER DEM DURCHSCHNITT. LEIDER HALTEN SIE DIE LEUTE FÜR SCHÜCHTERN UND ZURÜCKHALTEND. SIE GELTEN ALS JEMAND, DER SICH VON SEINEM PARTNER HERUMSCHUBSEN LÄSST.

20-29 PUNKTE
HABEN SIE SICH IMMER NOCH NICHT SCHEIDEN LASSEN? ENTWEDER HABEN SIE ES GESCHAFFT, ALLE BEZIEHUNGS-PROBLEME ZU ÜBERWINDEN, ODER SIE SIND IMMER NOCH LEDIG UND BEANTWORTEN DIE FRAGEN NUR AUS LANGWEILE. ALLE LEUTE FINDEN SIE CHARMANT UND REIZEND - ALSO ALLE AUSSER IHREM PARTNER.

30 PUNKTE
RESPEKT. SIE HABEN BEZIEHUNG UND PARTNER VOLL UNTER KONTROLLE. ANDERE BEWUNDERN SIE UND WÜNSCHEN SICH, IHREN PARTNER AUF GENAUSO EGOISTISCHE WEISE BEHANDELN ZU KÖNNEN WIE SIE.

UNTERSCHIEDE ZWISCHEN MANN UND FRAU

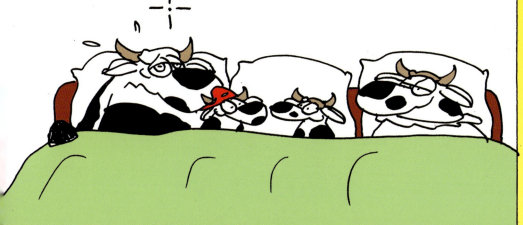

DER GRÖSSTE UNTERSCHIED LIEGT IM KLEIDER-KAUF:

MÄNNER KAUFEN SACHEN, DIE ZU IHRER FIGUR PASSEN.

FRAUEN NICHT.

KONFLIKTE ZWISCHEN MÄNNERN UND FRAUEN

MÄNNER KÖNNEN MACHEN, WAS SIE WOLLEN, IMMER IST ES FALSCH.

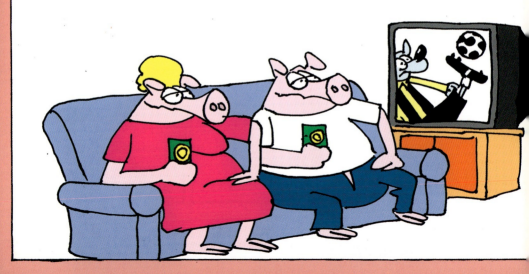

DAS GEHEIMNIS EINER PERFEKTEN BEZIEHUNG

LASS SIE REDEN – MAN ÄNDERT SOWIESO NICHTS.

SUCHEN SIE SICH EINE FRAU,

- DIE EINEN FESTEN JOB HAT UND GERNE HAUSARBEIT MACHT
- DIE SIE NICHT ANLÜGT UND DER MAN VERTRAUEN KANN
- DIE GUT IM BETT IST UND DIE GERNE ZEIT MIT IHNEN VERBRINGT.

ABER HALTEN SIE DIESE FRAUEN STETS VONEINANDER GETRENNT, DAMIT SIE KEINESFALLS VONEINANDER ERFAHREN!!

WIR HOFFEN, DASS IHNEN DIESES BUCH GEHOLFEN HAT, IHRE BEZIEHUNG DIFFERENZIERTER ZU SEHEN.

UNSERE EXPERTEN, FÜHRENDE SPEZIALISTEN IN PARTNERSCHAFTSPSYCHOLOGIE, HABEN FÜR DIESES BUCH EIN ANALYSESYSTEM ENTWICKELT, DAS IHRE BEZIEHUNG NOCH EINEN SCHRITT WEITER BRINGEN KANN.

DIESE BEZIEHUNGSANALYSE MUSS VON BEIDEN PARTNERN SEPARAT AUSGEFÜLLT WERDEN. SIE TAUSCHEN DANN DIE ANTWORTEN AUS, WOBEI DIES ZU EINER KONSTRUKTIVEN DISKUSSION FÜHREN WIRD. DIE LETZTEN UNERKANNTEN PROBLEME IHRER BEZIEHUNG WERDEN DEUTLICH.

WENN DIESE GELÖST SIND, KÖNNEN SIE FÜR IMMER UND EWIG GLÜCKLICH SEIN!

DIE FRAGEN SIND ZIEMLICH EINFACH. SIE GEBEN IHREM PARTNER PUNKTE VON 1 BIS 10, WOBEI 1 DIE SCHLECHTESTE UND 10 DIE BESTE BEWERTUNG IST. ZUSÄTZLICH SOLLTEN SIE DIE ANMERKUNGEN AUSFÜLLEN. DIES MACHT ES FÜR DEN PARTNER EINFACHER, DIE BEURTEILUNG ZU VERSTEHEN.

UNSERE EXPERTEN HABEN DAS ANALYSESYSTEM MIT 100 AUSGEWÄHLTEN PAAREN GETESTET.

ERSTAUNLICHERWEISE HAT SICH GEZEIGT, DASS DIESES EINFACHE BEZIEHUNGSANALYSESYSTEM EINE UNGLAUBLICHE WIRKUNG HAT UND PARTNERPROBLEME RESTLOS LÖSEN KANN!

VON 100 GETESTETEN PAAREN WURDEN 71 SOFORT GESCHIEDEN UND 29 HABEN NIE WIEDER MITEINANDER GESPROCHEN.

FRAGEN	PUNKTE	ANMERKUNGEN
SPRICHT IHR PARTNER GERNE ÜBER IHRE BEZIEHUNG? WIE OFFEN IST ER/SIE FÜR DISKUSSIONEN?		
INWIEWEIT HILFT IHR PARTNER BEI DER HAUSARBEIT MIT?		
WIE IST IHR SEXLEBEN?		
WIE TOLERANT IST IHR PARTNER?		
WIE ROMANTISCH IST IHR PARTNER – AUSSER BEIM SEX?		
INWIEWEIT UNTERSTÜTZT SIE IHR PARTNER BEI IHREN GESELLSCHAFTLICHEN VERPFLICHTUNGEN?		
WIE AUFMERKSAM IST IHR PARTNER BEZÜGLICH AUSSEHEN UND KLEIDERWAHL?		
WIE VERTRAUENSWÜRDIG IST IHR PARTNER, WENN ES UM GELD GEHT? KANN ER/SIE MIT GELD UMGEHEN?		
IST IHR PARTNER GLÜCKLICH MIT IHNEN?		

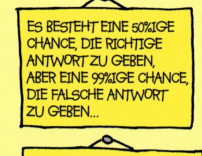